AF369568

TOASTS PRONONCÉS

AU BANQUET

Offert par M. Georges ERHARD

A SON PERSONNEL

Le 9 Novembre 1889

A L'OCCASION DE SA NOMINATION DANS L'ORDRE
DE LA LÉGION D'HONNEUR

TOAST DE M. ARMAND SIGWALD

Monsieur Georges,
Messieurs Erhard,

C'est avec un grand plaisir que je me vois appelé de nouveau à être auprès de vous, l'interprète fidèle des sentiments unanimes de votre personnel.

Tout ce qui arrive de bien pour votre maison, tout ce qui peut contribuer à augmenter sa renommée, a toujours trouvé de l'écho parmi nous; aussi, est-ce avec enthousiasme que nous avons accueilli la nouvelle de votre nomination dans l'ordre de la Légion d'honneur, et c'est avec bonheur que nous vous adressons nos plus vives félicitations pour cette dignité si méritée.

Cette haute distinction et les nombreuses récompenses

qui vous ont été décernées à l'Exposition attestent une fois de plus votre supériorité, elles démontrent en outre que, si la place que vous occupez au premier rang peut être fort enviée, il ne saurait être question de vous l'enlever.

Nous sommes fiers de ces récompenses que vous aviez à juste titre le droit d'espérer, nous le sommes d'autant plus qu'une belle part, sur votre demande, a été attribuée à vos collaborateurs. Nous sommes heureux de pouvoir ici vous exprimer toute notre gratitude. Pour reconnaître l'honneur qui nous a été fait, nous rivaliserons tous de soins dans l'exécution de nos travaux respectifs, afin de maintenir toujours intacte la vieille renommée de la maison Erhard.

Pour parvenir aux brillants résultats que vous avez obtenus et vous encourager dans vos efforts, vous vous êtes toujours inspiré de l'exemple légué par M. Ehrard, votre regretté père. Si vous l'avez suivi avec ardeur dans la voie du travail, vous le suivez aussi fidèlement dans celle de l'honneur. L'année 1889 sera pour vous une date mémorable que vous allez pouvoir, avec orgueil, enregistrer dans vos annales déjà illustres. La page glorieuse que vous venez d'y ajouter sera le digne pendant de celle qui y fut inscrite par votre père en 1867. Honneur oblige : aussi, vous saurez précieusement conserver cette belle tradition de famille, et pour enrichir votre patrimoine de nouveaux lauriers, marcher toujours en avant pour le progrès et l'avenir de la géographie.

Vaillamment secondé, comme vous l'êtes par vos frères,

M. Henri, M. Eugène, la tâche vous sera facile et le concours dévoué de tous vos nombreux collaborateurs ne vous fera jamais défaut, il vous a été et vous sera toujours entièrement acquis.

Je termine, M. Georges, en vous renouvelant, au nom de votre personnel, nos plus sincères témoignages de sympathie.

TOAST DE M. QUINSAT

**A Messieurs Erhard frères, ainsi qu'à vous,
Messieurs les Géographes ici présents.**

Messieurs,

Au nom du personnel composant les éléments réunis de l'imprimerie lithographique et typographique,

Vous me permettrez de transmettre les sympathies de tous ; chacun de nous, dans sa sphère, apporte son concours dévoué, depuis le premier jusqu'au plus humble, à l'édifice que vous avez fondé ensemble.

Pénétrés du même dévouement, vous nous trouverez demain ce que nous étions hier, toujours prêts pour le bon combat ; vous êtes nos chefs. nous sommes vos soldats. pour marcher avec vous, nous ne faiblirons pas.

Votre œuvre, Messieurs, est grande, grande par la conception, les services rendus, et par ceux qu'elle rendra, on pourra dire enfin que vous avez porté haut le drapeau du progrès dans la Géographie.

Vous pouvez désormais porter fièrement vos rubans de la Légion d'honneur et vos palmes d'Académie.

Honneur à vous, Messieurs !

TOAST DE M. ROUAULT

A la mémoire de Monsieur Erhard père, fondateur de la maison.

Toast porté par le groupe de ses anciens élèves.

Messieurs,

Permettez-moi d'être l'interprète de ceux d'entre nous, qui, élèves du regretté fondateur de la maison, y sont toujours restés fidèlement dévoués.

Heureux et fiers des nouveaux lauriers conquis, car ce n'est pas la première fois que nous sommes conviés a pareille fête, nous ne voulons pas laisser passer ce beau jour sans rendre un respectueux hommage à celui qui nous enseigna notre métier, dont l'image et les vertus sont restées au milieu de nous de précieux souvenirs et un encouragement au travail.

Levons nos verres, messieurs, et buvons à la mémoire vénérée de feu M. Erhard, qui fut le maitre par excellence de la gravure géographique.

Buvons aussi à la gloire de MM. Erhard, ses fils, qui surent avec tant de talent continuer l'œuvre de leur père.

Au premier de nos chefs actuels, à M. Georges Erhard ! récemment promu pour ses mérites : Chevalier de la Légion d'honneur.

TOAST DE M. VAILLANT

Messieurs,

Je porte un toast à la prospérité de la maison Erhard.

Premièrement, à **M.** Georges Erhard, notre chef respecté et sympathique, dont nous célébrons en ce moment la nomination dans la Légion d'honneur; cette distinction que le Gouvernement vous a accordée, Monsieur, est le digne couronnement de l'œuvre fondée par votre vénéré père; vous avez eu le bonheur de l'agrandir et de la compléter, nous vous en remercions au nom de tous.

Deuxièmement, à **M.** Henri Erhard, le peintre-géographe dont les toiles qui ornent maintenant quelques-uns de nos musées et plusieurs de nos Sociétés scientifiques attestent le talent; le Gouvernement l'a également recompensé en le nommant officier d'Académie; malgré sa modestie, qu'il reçoive ici nos félicitations.

Et enfin à M. Eugène Erhard, à l'administrateur, au collaborateur dévoué qui, par ses fonctions utiles, concourt au bien de la maison.

Messieurs Erhard,

Vous avez mis en pratique cette maxime « l'Union fait la force » j'ajoute: elle a produit la prospérité, en terminant, je dis encore : A la prospérité, de la maison Erhard !

TOAST DE M. RABOURDIN

Très heureux du motif de cette réunion,
Permettez-moi, Messieurs, de rompre le silence
Pour célébrer la fin de notre Exposition.
En buvant, avec vous, aux succès de la France.

Cette majestueuse et grande Exposition
Aura certainement sa place dans l'histoire;
Jamais on n'avait vu pareille exhibition,
Et pour notre Pays, c'est un titre de gloire.

Nous pouvons rendre hommage à tous les Ingénieurs
Qui ont su, avec art, et, surtout tant d'adresse,
Étaler à nos yeux ces superbes splendeurs
Qui ont mis tout Paris et l'univers en liesse.

L'on peut, au premier rang, citer Monsieur Eiffel,
Qui par la construction de sa tour gigantesque.
Qui, Dieu merci pour lui, n'a rien eu de Babel,
A attiré le monde, ami du pittoresque.

Nous devons bien aussi quelques remerciements
A tous les exposants des nations étrangères,
Qui venus de très loin, avec empressement,
Nous ont prouvé par là qu'ils agissaient en frères.

Je n'entreprendrai pas de signaler le nom
De ceux qui prirent part au succès de cette œuvre.
Mais on peut, c'est un fait, sans exagération,
Soutenir que l'ensemble était un pur chef-d'œuvre.

Tout était combiné d'une telle façon,
Que de tous les pays on voyait une trace :
L'Europe et l'Amérique, La Chine et le Japon
Aussi bien que l'Afrique y avaient trouvé place.

Le besoin des rapports de nation à nation
Prouve suffisamment que la géographie
Mérite, à tous égards, une grande attention,
Nécessaire au Commerce, ainsi qu'à l'Industrie.

Voilà pourquoi, Messieurs, notre gouvernement
A mis, sachez-le bien, tant de sollicitude
A bien récompenser, avec discernement
Ceux qui se sont livrés à ce genre d'étude.

Et c'est à ce travail que Monsieur Georges Erhard
Doit aujourd'hui la noble et juste récompense
Qu'il a su mériter par son amour pour l'art
Auquel il a voué toute son existence.

Cet amour est sincère, et n'est pas surprenant,
Il lui vient de son père. Il est donc assez juste
Que vous me permettiez, qu'en ce jour, en passant,
J'évoque un souvenir, en face de ce buste,

Qui nous rappelle à tous les traits d'un bon ami,
Au cœur droit, généreux, aimé de tout le monde;
Buste dû au talent de Monsieur Bartholdi
Dont une œuvre aujourd'hui orne le Nouveau-Monde.

Et je puis ajouter: Ce sont ses employés
Qui, pour faire à ses fils une bonne surprise,
Ont fait discrètement dans tous leurs ateliers
Une cotisation, dans ce but, entreprise.

Comme il serait heureux, ce cher Monsieur Erhard,
S'il pouvait assister à cette aimable fête,
De voir comment ses fils s'acquittent avec art
De cette profession, qui semblait sa conquête!

Hommage enfin, Messieurs, aux collaborateurs,
Qui ont participé, chacun dans sa section,
Aux travaux qui, partout, ont toujours fait l'honneur
De l'établissement et sa réputation.

A la mémoire de Monsieur Erhard, à la santé du nouveau Chevalier, Monsieur Georges et de ses collaborateurs.

RÉPONSE DE M. GEORGES ERHARD

Permettez-moi, avant tout, de vous remercier d'avoir bien voulu répondre à mon invitation, c'est pour mes frères et pour moi une haute marque de sympathie à laquelle nous sommes très sensibles.

Vous avez tenu, Messieurs, à ce que le portrait si vivant de notre regretté père figurât au milieu de nous, c'est là une agréable surprise et un hommage solennel rendu à sa mémoire, c'est là un gage, pour nous, que son image qui préside à nos travaux de chaque jour, vous est chère.

Sous son regard paternel, nous avons produit ensemble les travaux qui ont valu à notre maison les hautes récompenses à l'Exposition qui vient de se clore si brillamment, et cette croix dont je suis si fier aujourd'hui, je la dépose respectueusement devant ce buste qui nous rappelle à tous de si touchants souvenirs.

Je bois en mon nom et en celui de mes frères, à la santé de vous tous qui nous entourez.

A vous, monsieur Maunoir, l'ami dévoué de notre père, dont les encouragements et la bienveillante protection ont tant contribué au développement de notre maison.

A vous, monsieur le colonel Prudent, qui nous avez connus si jeunes et dont les conseils de chaque jour nous ont tant aidés dans l'accomplissement de nos travaux.

A vous, monsieur Anthoine, qui nous avez permis de montrer dans son ensemble l'œuvre si remarquable dont vous avez la haute direction et qui vous fait tant honneur.

A vous, monsieur Schrader, qui par vos importants travaux, nous fournissez l'occasion de maintenir haut et ferme la cartographie française.

A vous, enfin, nos chers collaborateurs de chaque jour dont les sentiments à notre égard viennent d'être exprimés si fidèlement par vos camarades, et dont nous vous remercions bien sincèrement.

TOAST DE M. GÉRARD

Mes chers amis : pardon si j'ai l'air solennel
En affirmant ici le lien fraternel
Qui nous réunit tous en un banquet joyeux
Offert par nos patrons à titre gracieux.
Frères, oui, nous le sommes ; et nous le devons être.
Le travail nous unit, il est notre seul maître.
Fraternité n'est plus un vain mot prononcé.
En étreignant nos cœurs il les a embrasés
D'un feu qui ne meurt pas et dont la flamme éclaire
L'univers entier de sa grande lumière.
Amis, buvons ensemble le vin qui réconforte.
Si jamais le malheur frappait à notre porte.
Qu'il nous trouve debout, toujours prêts à combattre,
Haut les cœurs ! et que rien ne puisse nous abattre.
Songeons à l'avenir ! Voyez, il nous sourit
En versant sur nos maux le baume qui guérit ;

Déjà l'espoir luit, les talents se mesurent,
Et nos rivalités disparaissent, s'épurent
Au contact puissant du chef que nous aimons,
Et dont la renommée vient d'acclamer le nom.
Ce ruban qu'aujourd'hui votre poitrine arbore,
Portez-le fièrement; c'est nous tous qu'il honore :
Obscurs, mais dévoués, nous nous sentons heureux
Puisque votre mérite éclate à tous les yeux,
Puisque nous pouvons, Maître, en vous saluant,
Vous exprimer nos vœux et nos souhaits ardents.
Permettez qu'en ce jour nous levions nos verres
Pour boire à la santé de Messieurs Erhard frères.
Monsieur Georges, je bois à vos beaux lauriers.
La Légion d'honneur vous a fait Chevalier.
Ne croyez pas surtout qu'ici on vous encense :
Vos talents ont reçu leur juste récompense,
Et l'Aïeul dont l'image plane au-dessus de nous,
Voit triompher son œuvre et nous sourit à tous.
Son idée lui survit. Il se lève, le germe
Qu'il a dans le sillon jeté d'une main ferme !
Messieurs, je bois à vous! aux trois frères vaillants !
Qui tiennent droit et haut le drapeau triomphant
Sur lequel est écrit : Travail, Persévérance.
Aux ardents travailleurs! A l'honneur de la France !

Paris. — Imp. H. Noirot, 22, rue de l'Abbaye.